THIS BOOK BELONGS TO :

TABLE OF CONTENTS

Recipe   Page

TABLE OF CONTENTS

Recipe	Page

PAGE _____

Recipe _____ Difficulty 🥄 🥄 🥄 🥄 🥄

Servings _____ Prep Time _____

Cook Time _____

Best Served With_____

INGREDIENTS

_____
_____
_____
_____
_____
_____
_____
_____
_____
_____
_____
_____
_____
_____

NOTES

_____
_____
_____

PAGE _____

DIRECTIONS

SKETCH OR PHOTO

Recipe _____ Difficulty 🥄 🥄 🥄 🥄 🥄

Servings _____ Prep Time _____

Cook Time _____

Best Served With_____

INGREDIENTS

_____
_____
_____
_____
_____
_____
_____
_____
_____
_____
_____
_____
_____
_____
_____
_____
_____

NOTES

_____
_____
_____

PAGE _____

DIRECTIONS

SKETCH OR PHOTO

Recipe _____ Difficulty

Servings _____ Prep Time _____

Cook Time _____

Best Served With_____

INGREDIENTS

_____

_____

_____

_____

_____

_____

_____

_____

_____

_____

_____

_____

_____

NOTES

_____

_____

_____

DIRECTIONS

SKETCH OR PHOTO

Recipe _____ Difficulty

Servings _____ Prep Time _____

Cook Time _____

Best Served With _____

INGREDIENTS

_____

_____

_____

_____

_____

_____

_____

_____

_____

_____

_____

_____

_____

_____

_____

NOTES

_____

_____

_____

DIRECTIONS

SKETCH OR PHOTO

Recipe _____Difficulty

Servings _____ Prep Time _____

Cook Time _____

Best Served With_____

INGREDIENTS

NOTES

DIRECTIONS

SKETCH OR PHOTO

Recipe _____ Difficulty

Servings _____ Prep Time _____

Cook Time _____

Best Served With _____

INGREDIENTS

NOTES

DIRECTIONS

SKETCH OR PHOTO

Recipe _____ Difficulty 🥄 🥄 🥄 🥄 🥄

Servings _____ Prep Time _____

Cook Time _____

Best Served With _____

INGREDIENTS

_____
_____
_____
_____
_____
_____
_____
_____
_____
_____
_____
_____
_____
_____

NOTES

_____
_____
_____

DIRECTIONS

SKETCH OR PHOTO

Recipe _____ Difficulty

Servings _____ Prep Time _____

Cook Time _____

Best Served With_____

INGREDIENTS

NOTES

DIRECTIONS

SKETCH OR PHOTO

PAGE _____

Recipe _____ Difficulty

Servings _____ Prep Time _____

Cook Time _____

Best Served With _____

INGREDIENTS

_____
_____
_____
_____
_____
_____
_____
_____
_____
_____
_____
_____
_____
_____
_____
_____

NOTES

_____
_____
_____

DIRECTIONS

SKETCH OR PHOTO

Recipe _____ Difficulty

Servings _____ Prep Time _____

Cook Time _____

Best Served With_____

INGREDIENTS

_____
_____
_____
_____
_____
_____
_____
_____
_____
_____
_____
_____
_____
_____
_____

NOTES

_____
_____
_____

DIRECTIONS

SKETCH OR PHOTO

Recipe _____ Difficulty ♪ ♪ ♪ ♪ ♪

Servings _____ Prep Time _____

Cook Time _____

Best Served With _____

INGREDIENTS

_____

_____

_____

_____

_____

_____

_____

_____

_____

_____

_____

_____

_____

_____

NOTES

_____

_____

_____

DIRECTIONS

SKETCH OR PHOTO

Recipe _____ Difficulty

Servings _____ Prep Time _____

Cook Time _____

Best Served With _____

INGREDIENTS

_____

_____

_____

_____

_____

_____

_____

_____

_____

_____

_____

_____

_____

_____

_____

NOTES

_____

_____

_____

DIRECTIONS

SKETCH OR PHOTO

Recipe _____ Difficulty ♪ ♪ ♪ ♪ ♪

Servings _____ Prep Time _____

Cook Time _____

Best Served With _____

INGREDIENTS

_____

_____

_____

_____

_____

_____

_____

_____

_____

_____

_____

_____

_____

_____

NOTES

_____

_____

_____

DIRECTIONS

SKETCH OR PHOTO

PAGE _____

Recipe _____ Difficulty

Servings _____ Prep Time _____

Cook Time _____

Best Served With_____

INGREDIENTS

NOTES

PAGE _____

DIRECTIONS

SKETCH OR PHOTO

Recipe _____ Difficulty

Servings _____ Prep Time _____

Cook Time _____

Best Served With_____

INGREDIENTS

NOTES

DIRECTIONS

SKETCH OR PHOTO

Recipe _____ Difficulty

Servings _____ Prep Time _____

Cook Time _____

Best Served With _____

INGREDIENTS

_____

_____

_____

_____

_____

_____

_____

_____

_____

_____

_____

_____

_____

NOTES

_____

_____

_____

DIRECTIONS

SKETCH OR PHOTO

PAGE _____

Recipe _____ Difficulty 🥄 🥄 🥄 🥄 🥄

Servings _____ Prep Time _____

Cook Time _____

Best Served With _____

INGREDIENTS

_____

_____

_____

_____

_____

_____

_____

_____

_____

_____

_____

_____

_____

_____

NOTES

_____

_____

_____

DIRECTIONS

_____

_____

_____

_____

_____

_____

_____

_____

_____

_____

_____

_____

_____

_____

_____

SKETCH OR PHOTO

Recipe _____ Difficulty

Servings _____ Prep Time _____

Cook Time _____

Best Served With_____

INGREDIENTS

_____
_____
_____
_____
_____
_____
_____
_____
_____
_____
_____
_____
_____
_____
_____

NOTES

_____
_____
_____

DIRECTIONS

SKETCH OR PHOTO

Recipe _____ Difficulty 🥄 🥄 🥄 🥄 🥄

Servings _____ Prep Time _____

Cook Time _____

Best Served With_____

INGREDIENTS

_____
_____
_____
_____
_____
_____
_____
_____
_____
_____
_____
_____
_____
_____

NOTES

_____
_____
_____

DIRECTIONS

_____

_____

_____

_____

_____

_____

_____

_____

_____

_____

_____

_____

_____

SKETCH OR PHOTO

Recipe _____ Difficulty

Servings _____ Prep Time _____

Cook Time _____

Best Served With_____

INGREDIENTS

_____

_____

_____

_____

_____

_____

_____

_____

_____

_____

_____

_____

_____

NOTES

_____

_____

_____

DIRECTIONS

SKETCH OR PHOTO

Recipe _____ Difficulty

Servings _____ Prep Time _____

Cook Time _____

Best Served With_____

INGREDIENTS

_____
_____
_____
_____
_____
_____
_____
_____
_____
_____
_____
_____
_____

NOTES

_____
_____
_____

DIRECTIONS

_____

_____

_____

_____

_____

_____

_____

_____

_____

_____

_____

_____

_____

_____

_____

SKETCH OR PHOTO

Recipe _____ Difficulty

Servings _____ Prep Time _____

Cook Time _____

Best Served With _____

INGREDIENTS

_____

_____

_____

_____

_____

_____

_____

_____

_____

_____

_____

_____

_____

_____

_____

NOTES

_____

_____

_____

DIRECTIONS

SKETCH OR PHOTO

Recipe _____ Difficulty

Servings _____ Prep Time _____

Cook Time _____

Best Served With_____

INGREDIENTS

_____

_____

_____

_____

_____

_____

_____

_____

_____

_____

_____

_____

_____

_____

NOTES

_____

_____

_____

DIRECTIONS

SKETCH OR PHOTO

Recipe _____ Difficulty

Servings _____ Prep Time _____

Cook Time _____

Best Served With_____

INGREDIENTS

_____
_____
_____
_____
_____
_____
_____
_____
_____
_____
_____
_____
_____
_____

NOTES

_____
_____
_____

DIRECTIONS

SKETCH OR PHOTO

Recipe _____ Difficulty

Servings _____ Prep Time _____

Cook Time _____

Best Served With _____

INGREDIENTS

_____
_____
_____
_____
_____
_____
_____
_____
_____
_____
_____
_____
_____
_____
_____
_____

NOTES

_____
_____
_____

DIRECTIONS

SKETCH OR PHOTO

Recipe _____ Difficulty ✐ ✐ ✐ ✐ ✐

Servings _____ Prep Time _____

Cook Time _____

Best Served With _____

INGREDIENTS

_____

_____

_____

_____

_____

_____

_____

_____

_____

_____

_____

_____

_____

_____

NOTES

_____

_____

_____

DIRECTIONS

SKETCH OR PHOTO

Recipe _____ Difficulty

Servings _____ Prep Time _____

Cook Time _____

Best Served With _____

INGREDIENTS

NOTES

DIRECTIONS

SKETCH OR PHOTO

Recipe _____ Difficulty

Servings _____ Prep Time _____

Cook Time _____

Best Served With _____

INGREDIENTS

_____
_____
_____
_____
_____
_____
_____
_____
_____
_____
_____
_____
_____
_____

NOTES

_____
_____
_____

DIRECTIONS

_____
_____
_____
_____
_____
_____
_____
_____
_____
_____
_____
_____
_____
_____
_____

SKETCH OR PHOTO

Recipe _____Difficulty 🥄 🥄 🥄 🥄 🥄

Servings _____ Prep Time _____

Cook Time _____

Best Served With_____

INGREDIENTS

_____

_____

_____

_____

_____

_____

_____

_____

_____

_____

_____

_____

_____

NOTES

_____

_____

_____

DIRECTIONS

SKETCH OR PHOTO

Recipe _____ Difficulty

Servings _____ Prep Time _____

Cook Time _____

Best Served With_____

INGREDIENTS

_____

_____

_____

_____

_____

_____

_____

_____

_____

_____

_____

_____

_____

NOTES

_____

_____

_____

DIRECTIONS

SKETCH OR PHOTO

Recipe _____ Difficulty

Servings _____ Prep Time _____

Cook Time _____

Best Served With _____

INGREDIENTS

_____

_____

_____

_____

_____

_____

_____

_____

_____

_____

_____

_____

_____

_____

NOTES

_____

_____

_____

DIRECTIONS

SKETCH OR PHOTO

Recipe _____ Difficulty

Servings _____ Prep Time _____

Cook Time _____

Best Served With _____

INGREDIENTS

_____

_____

_____

_____

_____

_____

_____

_____

_____

_____

_____

_____

_____

NOTES

_____

_____

_____

DIRECTIONS

SKETCH OR PHOTO

Recipe _____ Difficulty 🥄 🥄 🥄 🥄 🥄

Servings _____ Prep Time _____

Cook Time _____

Best Served With _____

INGREDIENTS

_____

_____

_____

_____

_____

_____

_____

_____

_____

_____

_____

_____

_____

_____

NOTES

_____

_____

_____

DIRECTIONS

_____

_____

_____

_____

_____

_____

_____

_____

_____

_____

_____

_____

_____

_____

SKETCH OR PHOTO

Recipe _____ Difficulty

Servings _____ Prep Time _____

Cook Time _____

Best Served With _____

INGREDIENTS

_____

_____

_____

_____

_____

_____

_____

_____

_____

_____

_____

_____

_____

_____

_____

_____

NOTES

_____

_____

_____

DIRECTIONS

SKETCH OR PHOTO

Recipe _____ Difficulty 🥄 🥄 🥄 🥄 🥄

Servings _____ Prep Time _____

Cook Time _____

Best Served With_____

INGREDIENTS

_____

_____

_____

_____

_____

_____

_____

_____

_____

_____

_____

_____

_____

_____

NOTES

_____

_____

_____

DIRECTIONS

SKETCH OR PHOTO

Recipe _____ Difficulty

Servings _____ Prep Time _____

Cook Time _____

Best Served With _____

INGREDIENTS

_____

_____

_____

_____

_____

_____

_____

_____

_____

_____

_____

_____

_____

_____

_____

NOTES

_____

_____

_____

DIRECTIONS

SKETCH OR PHOTO

Recipe _____ Difficulty

Servings _____ Prep Time _____

Cook Time _____

Best Served With _____

INGREDIENTS

_____
_____
_____
_____
_____
_____
_____
_____
_____
_____
_____
_____
_____
_____
_____

NOTES

_____
_____
_____

DIRECTIONS

SKETCH OR PHOTO

Recipe _____ Difficulty

Servings _____ Prep Time _____

Cook Time _____

Best Served With_____

INGREDIENTS

NOTES

DIRECTIONS

SKETCH OR PHOTO

Recipe _____ Difficulty

Servings _____ Prep Time _____

Cook Time _____

Best Served With _____

INGREDIENTS

_____

_____

_____

_____

_____

_____

_____

_____

_____

_____

_____

_____

_____

NOTES

_____

_____

_____

DIRECTIONS

SKETCH OR PHOTO

Recipe _____ Difficulty 🥄 🥄 🥄 🥄 🥄

Servings _____ Prep Time _____

Cook Time _____

Best Served With _____

INGREDIENTS

_____
_____
_____
_____
_____
_____
_____
_____
_____
_____
_____
_____
_____
_____
_____

NOTES

_____
_____
_____

DIRECTIONS

SKETCH OR PHOTO

Recipe _____ Difficulty

Servings _____ Prep Time _____

Cook Time _____

Best Served With_____

INGREDIENTS

_____

_____

_____

_____

_____

_____

_____

_____

_____

_____

_____

_____

_____

_____

_____

NOTES

_____

_____

_____

DIRECTIONS

SKETCH OR PHOTO

Recipe _____Difficulty

Servings _____ Prep Time _____

Cook Time _____

Best Served With_____

INGREDIENTS

NOTES

DIRECTIONS

SKETCH OR PHOTO

Recipe _____ Difficulty

Servings _____ Prep Time _____

Cook Time _____

Best Served With _____

INGREDIENTS

_____

_____

_____

_____

_____

_____

_____

_____

_____

_____

_____

_____

_____

_____

_____

NOTES

_____

_____

_____

DIRECTIONS

SKETCH OR PHOTO

Recipe _____ Difficulty 🥄 🥄 🥄 🥄 🥄

Servings _____ Prep Time _____

Cook Time _____

Best Served With_____

INGREDIENTS

_____
_____
_____
_____
_____
_____
_____
_____
_____
_____
_____
_____
_____
_____

NOTES

_____
_____
_____

DIRECTIONS

SKETCH OR PHOTO

Recipe _____ Difficulty

Servings _____ Prep Time _____

Cook Time _____

Best Served With_____

INGREDIENTS

_____

_____

_____

_____

_____

_____

_____

_____

_____

_____

_____

_____

_____

NOTES

_____

_____

_____

PAGE _____

DIRECTIONS

SKETCH OR PHOTO

Recipe _____ Difficulty

Servings _____ Prep Time _____

Cook Time _____

Best Served With_____

INGREDIENTS

_____
_____
_____
_____
_____
_____
_____
_____
_____
_____
_____
_____
_____
_____

NOTES

_____
_____
_____

DIRECTIONS

SKETCH OR PHOTO

Recipe _____Difficulty

Servings _____ Prep Time _____

Cook Time _____

Best Served With_____

INGREDIENTS

NOTES

DIRECTIONS

SKETCH OR PHOTO

Recipe _____ Difficulty ♪ ♪ ♪ ♪ ♪

Servings _____ Prep Time _____

Cook Time _____

Best Served With_____

INGREDIENTS

_____
_____
_____
_____
_____
_____
_____
_____
_____
_____
_____
_____
_____
_____
_____
_____

NOTES

_____
_____
_____

DIRECTIONS

SKETCH OR PHOTO